AF347196

LES
CARACTERES
DE
THALIE.
COMEDIE.

LES CARACTERES DE THALIE.

COMEDIE EN TROIS ACTES, AVEC UN PROLOGUE ET UN DIVERTISSEMENT.

Par M. FAGAN.

Représentée pour la premiere fois par les Comediens François, le 18 Juillet 1737.

Le prix est de trente sols.

A PARIS,

Chez PRAULT fils, Quay de Conty, vis-à vis la descente du Pont-neuf, à la Charité.

M. DCC. XXXVII.

Avec Approbation & Privilege du Roy.

LES CARACTERES
DE
THALIE.

PROLOGUE.

Un Auteur paroît seul assis dans sa chambre, le coude appuyé sur une petite table.

E voilà donc sur les rangs; & c'est aujour-d'hui le jour de ma premiere Représenta-tion ! Ma foi, il en sera ce qu'il pourra. Je ne serai point assez sot pour m'inquiéter du succès, jusqu'à un certain point : il faut, dans ces occasions rappeller son courage ; il faut......
il faut être bien téméraire, pour se vouloir méler de divertir le Public.

Je m'avise de faire trois Actes : l'un d'Intrigue ; l'autre de Caractere ; & le troisiéme à Scenes Episodiques : & attendu que ce sont-là, à peu près, les genres qui différentient nos Comedies, je rassemble ces Actes sous le titre pompeux, des Caracteres de Thalie.

A

Cela annonce du parfait, du merveilleux ; il semble que je prétende avoir fait trois Chefs-d'œuvre , & que je les propose pour modeles : il falloit donc du moins mettre un Prologue, pour excuser l'orgueil de ce titre,& où j'eusse demandé grace. ... Un Prologue ! Il n'y a peut-être au monde rien de plus nuisible , de plus traître , de plus détestable qu'un Prologue. Si l'Autheur veut faire pressentir les beautés de son Ouvrage , on le traite de fat ; s'il annonce que ce qu'il a fait est médiocre , on est porté à l'en croire sur sa parole ; & puis quel est le but que nous nous proposons dans la Comedie , à quoi l'art de l'Auteur s'applique-t'il ? C'est, je crois, à si bien peindre une action , que le Spectateur séduit s'imagine la voir d'après nature. Or, les précautions que l'on prend dans un Prologue , ne semblent-elles pas avertir, que ce que l'on va représenter n'est qu'une fable, un conte forgé à plaisir ; & n'affoiblissent-elles pas d'avance cette douce illusion que l'on prend tant de peine à faire naître par la suite ?

Non non, point de Prologue, s'il vous plaît ; j'ai fort bien fait de n'en point faire. Encore si l'on n'étoit pas plus difficile aujourd'hui que ne l'étoient les Anciens , & qu'un seul personnage, comme l'Arcture, Mercure ou un autre Dieu, vînt exposer unîment de quoi il s'agit ; si un Acteur François en étoit quitte pour venir dire simplement ....

Il se leve & fait la révérence.

Messieurs , dans le premier Acte que nous allons avoir l'honneur de vous donner, vous verrez une ébauche du Caractere de l'Inquiet : dans le second , vous verrez qu'il est dangereux de s'attacher trop légérement,& que quand on dit qu'il faut connoître avant que d'aimer , cela est vrai en plusieurs sens : l'objet du troisiéme est de prouver que jamais nous ne sentons mieux le ridicule de nos propres défauts , que quand nous les considerons dans les autres.

Si l'on en étoit quitte pour cela !.... mais non ; il faut de l'esprit par-tout, & l'esprit n'est pas si commun que l'on pense.

Nos Spectateurs, qui d'ailleurs par le goût, l'emportent en beaucoup de choses sur les Anciens, ne pardonnent pas certaines simplicitez. Le Brillant, le Composé leur plaisent si fort, que souvent l'affectation a trouvé grace devant eux, & .... Je parle bien effrontément de Juges qui vont peut-être me ... Le mot est joli. Ah ! tout mon corps frissonne. Je ne me connois plus ..... Malheureux instrument ! dis moi donc, pourquoi t'acharnes-tu contre les Auteurs ? où pris-tu naissance ? Quelle main infernale te forma la premiere ? Plus à craindre que la Lame tranchante, & que le Plomb meurtrier, quel génie ennemi du repos des humains t'inventa ? Je sçais que sans toi bien des ouvrages insipides, mais protégés, inonderoient le Public ; je sçais que par ton silence tu fais l'éloge de la vertu, comme tu fais la satyre du vice quand tu lances tes cris perçans. Cependant si tu as égard à ma priere, laisse moi en repos, je te prie ; ne pars qu'après avoir mûrement pesé toutes choses.

Mais à quoi diable m'amusai-je ? Voici l'heure qui s'approche : oui, je vois au Soleil que l'on ne doit pas tarder à commencer. Eh ! vraiment, je n'y pense pas. Je me souviens que j'ai quatre ou cinq mots impropres à corriger.

Allant d'un coté du Theatre à l'autre.

Il y a plusieurs changemens à faire. Outre la haine, qu'il est naturel que les Confreres aïent les uns pour les autres, j'ai, en particulier, un nombreux parti contre moi ; il faut que je voïe si l'on sera habillé convenablement aux rôles que l'on doit représenter : c'est en vain que j'ai déja dit que l'on y prît garde, je suis sûr que je n'aurai rien gagné : & c'est une mer à boire, quand il faut engager une Actrice à changer quelque chose dans sa parure ; ma préfence eft là indifpenfable. Il faut que je fois fou pour n'y avoir pas fongé plutôt : malheureux que je fuis ! il ne fera peut-être plus tems. Partons ; eft-il poffible que l'on s'endorme , comme je fais, fur fes intérêts. Eh , vîte, courons; il n'y a pas une minute à perdre.

Il prend , en difant ces dernieres paroles , fon chapeau , fa canne & fon manteau qu'il met tout de travers ; & en courant d'une façon comique , il renverfe une table auprès de laquelle il étoit affis.

FIN DU PROLOGUE.

L'INQUIET,

COMEDIE.

Y

ACTEURS.

LUCILE, jeune Veuve.

TIMANTE, Amoureux de Lucile.

DAMIS, ami de Timante.

MARTON, suivante de Lucile.

CHAMPAGNE, Valet de Timante.

Un autre Domestique de Timante.

La Scene est à Paris dans une chambre de l'appartement de Lucile.

L'INQUIET.

SCENE PREMIERE.

DAMIS, MARTON.

MARTON.

UI peut donc si matin vous conduire ici, Monsieur ? Vous devez bien vous douter qu'il n'est pas encore jour chez ma maîtresse.

DAMIS.

Si j'en avois cru Timante, il y a une heure que je serois ici ; à peine faisoit-il jour, qu'il m'a envoïé prier de me rendre chez lui ; j'y ai couru, & il est vrai que je l'ai trouvé dans une agitation qui auroit touché tout autre que son ami.

MARTON.

Et, puis-je vous demander le sujet de cette agitation ?

DAMIS.

Un malheureux discours qui lui échappa hier au soir étant à table chez ta maîtresse. Il ne doute point qu'elle ne l'ait interprété de façon à s'en offenser. Il n'a point

A iiij

fermé l'œil de la nuit ; & n'ofant venir apprendre lui-
meme ce que Lucile en penfe , je me fuis chargé de
le juftifier en cas qu'elle ait pû douter un moment de
fon refpeſt ;

MARTON.

Mais ne feroit-ce point-là une de ces craintes mal fon-
dées qui lui font fi ordinaires ?

DAMIS.

A l'égard de celle-ci, elle me femble excufable ; &
fur le point d'obtenir Lucile , je ne le blâme pas de
chercher à détruire tout ce qui pourroit l'indifpofer
contre lui.

MARTON.

Je ne fçais quel a été ce difcours ; mais fi elle s'en fût
tenue offenfée, affurément je m'en ferois apperçûe.
C'eft une vifion, vous dis-je.

DAMIS.

Cela pourroit être , & je conviens avec toi qu'il eft
d'un caraſtere propre à fe rendre bien malheureux ; je
ne fçais fi cela vient en lui d'un excès de délicateffe, de
trop d'envie de plaire , ou peut-être d'un peu trop d'a-
mour propre : mais rien n'eft égal aux agitations , aux
foupçons, aux foibleffes qu'il fait paroître, fur-tout depuis quelque-tems.

MARTON.

Mais comment ne le guériffez-vous pas de cette
maladie-là ?

DAMIS.

Je lui en ai quelquefois dit mon fentiment ; mais
vouloir corriger un ami, c'eft fouvent rifquer de le
perdre.

MARTON.

Pour moi, je ne vous le diffimule point, je tremble
pour ma maîtreffe, en la voïant préte à former un pareil engagement Je conviens que Timante a tou-

tes les qualitez qui font un homme d'honneur , que
fa figure eſt encore agréable ; qu'il eſt puiſſamment ri-
che.   Mais n'eſt-ce pas trop riſquer que d'époufer un
homme, qui dans une inquiétude perpétuelle, va, vient
& revient cent fois en une heure pour les ſujets les plus
frivoles ; timide juſqu'au rafinement , mal-adroit par
excès de précaution , troublé pardes délicateſſes chimé-
riques, jamais ſûr de lui, oubliant l'objet préſent qui le
fatisfait , pour s'occuper de l'objet éloigné qui le tour-
mente , & qui enfin ne jouiſſant jamais d'un inſtant de
tranquillité , avec la femme la plus chérie portera les
allarmes juſques dans le ſein des plaiſirs. Ce ne fera
point un jaloux qu'un mari comme celui-là ; mais je
crains bien que ce ne ſoit quelque choſe de plus infupportable.

D A M I S.

Il faut lui rendre juſtice : la jalouſie a une baſſeſſe
dont il eſt incapable ; &....

S C E N E   I I.

DAMIS, CHAMPAGNE, MARTON.

C H A M P A G N E *tout éſſouflé.*

AH ! Monſieur, ferois-je arrivé aſſez à tems ?

D A M I S.

De quoi donc s'agit-il?

C H A M P A G N E.

Ma foi, il ma dit tant de choſes à la fois, que je ne
ſçais plus par où commencer. ... Ah ! m'y voici. *tirant
Damis à part.* Ecoutez, s'il vous plaît.

D A M I S.

Hé bien ! qu'eſt-ce ?

MARTON.

Quelque nouvelle imagination, sans doute.

CHAMPAGNE *à Damis, en lui parlant bas.*

Comme cette heure-ci est une heure induë pour les Dames, Timante craint que vous n'alliez imprudemment vous présenter ; & attendu que la civilité. . . . .

DAMIS *repouffant Champagne.*

Eh ! morbleu. . . . Voyez la belle réflexion ! Croit-il que j'ignore. . .

MARTON *qui a prêté l'oreille.*

Un autre que toi ne se seroit pas si fort pressé, mon pauvre Champagne ; mais en récompense, tu as une façon naïve de t'expliquer, qui donne beaucoup de grace aux commiffions que tu fais.

CHAMPAGNE.

Vous étes railleuse, Mademoiselle Marton.

MARTON.

Moi ? point du tout.

DAMIS *à Marton.*

Voi, si je puis paroître.

MARTON.

J'y vais, Monsieur ; & puisque vous voulez absolument lui parler, j'aurai soin de vous avertir dès qu'elle sera visible. *Elle rentre.*

CHAMPAGNE.

Cette Marton-là à toujours quelque mauvais compliment à me faire.

SCENE III.

DAMIS, CHAMPAGNE.

DAMIS.

HE bien ! ce qu'il attendoit de province avec tant d'impatience , est-il arrivé ? Et tout est-il préparé pour le repas qu'il doit donner ce soir ?

CHAMPAGNE.

Quel repas, Monsieur ?

DAMIS.

Celui qu'il préparoit à Lucile.

CHAMPAGNE.

Il ne faut pas beaucoup se presser pour ce repas-là, Monsieur ; & les nôces dont on parloit avec Lucile , ne se feront pas si-tôt.

DAMIS.

Comment donc ?

CHAMPAGNE.

Il faut se bien porter pour penser à de pareilles choses , & mon maître est actuellement très-mal.

DAMIS.

Que veux-tu dire ?

CHAMPAGNE.

Aussi-tôt que vous l'avez quitté , il a prétendu que l'agitation dans laquelle il avoit passé la nuit, lui avoit donné la fiévre ; il a fallu sçavoir ce qui en étoit ; & il a si bien fait , que le Medecin , qui est arrivé sur le champ, lui en a trouvé.

DAMIS.

On lui en a trouvé ?

CHAMPAGNE.

Oui, Monſieur, une conſidérable. Ordre à lui de ſe mettre au lit promptement ; je l'ai quitté dans le tems que l'on le condamnoit à une ſaignée, qui ſelon les apparences, ſera ſuivie de pluſieurs autres : on ſongera enſuite aux purgations que l'on ne manquera pas de réitérer, de façon que de ſaignées en purgations, & de purgations en ſaignées, vous voïez bien qu'il y a là de quoi retarder un mariage pendant ſix mois.

DAMIS.

Voilà un contre-tems aſſez fâcheux ; mais que vois-je ?

CHAMPAGNE.

Comment diable, eſt-ce bien lui ?

SCENE IV.

TIMANTE, DAMIS, CHAMPAGNE.

TIMANTE.

J'Ai penſé, mon cher ami, qu'il étoit plus convenable que je m'expliquaſſe moi-même avec Lucile ; je veux riſquer cet éclairciſſement.

DAMIS à *Champagne.*

Quel conte me faiſois tu donc ?

CHAMPAGNE.

Monſieur, je ſuis ſurpris.....

TIMANTE.

Oui, oui, je ſerai plus à portée de me juſtifier, s'il eſt vrai que ma miſérable plaiſanterie l'ait offenſée.

DAMIS.

Eh quoi donc ! étes vous malade, Timante, ou ne l'étes vous pas ?

TIMANTE.

Je le fuis, & très-férieufement ; mais que veux-tu ?
Le foin qui m'occuppe ne m'eft-il pas cent fois plus cher
que ma fanté & que ma vie ? (*appercevant Champagne.*)
Ah ! te voilà fort à propos. Cours vîte au logis ; j'ai
laiffé fur mon bureau un papier que je ferois fâché qui
fût vû. *à Damis*, C'eft vraiment une efpece de fatire
très-mordante fur une avanture du tems ; & je n'aime
point que l'on trouve chez moi de ces fortes de libel-
les : *à Champagne*, hé bien ! tu devrois déja être parti.

CHAMPAGNE.

Vous l'apporterai-je ici ?

TIMANTE.

L'apporter ? non. Tu pourrois le perdre en chemin,
& la perfonne qui l'a adreffée a mis, je penfe, mon nom
en tête. Le plus court eft que tu le jettes au feu. Va
donc. Je crains que quelqu'un n'ait déja mis la main
deffus. *Champagne rentre.*

SCENE V.

TIMANTE, DAMIS.

TIMANTE.

Hé bien ? Damis, je vois bien que Lucile refufe de
t'entendre ; elle n'ignore pas fans doute que tu viens
ici de ma part ; elle eft piquée. C'en eft bien là une
preuve certaine.

DAMIS.

Elle n'a point encore fçu que je fuffe ici & je comptois
la voir dans un moment ; mais tranquilife-toi. Marton
m'a affûré qu'elle n'avoit remarqué en fa maîtreffe au-

cun signe de colère ; ainsi ta crainte..... Mais à quoi pense-tu donc ?

TIMANTE.

Je suis perdu. Pardonnes-moi, Damis, si..... courrai-je après lui, il ne sera plus tems.

DAMIS.

Après qui courrir ?

TIMANTE.

Après ce malheureux à qui j'ai donné ordre de jetter au feu ce papier, j'en ai sur le même bureau qui sont de la derniere conséquence ; il ne manquera pas, poussé par son mauvais génie, de faire là quelque étourderie.

DAMIS.

Quoi ! ne serez-vous jamais tranquille ? Je n'ai rien voulu vous dire tout à l'heure ; mais quand votre valet feroit un coup de sa téte, vous le mériteriez bien : quel est ce libelle dont vous parlez ? pourquoi craindre que quelqu'un chez vous ne s'en empare ? pourquoi vous imaginer que votre nom étant inscrit dessus, cela peut vous faire des affaires ? d'où diable étes-vous si ingénieux à vous tourmenter ? & quelqu'autre s'avise-t'il d'avoir les soupçons, les troubles éternels dont vous étes déchiré ? En vérité, Timante, il est tems que je vous le dise. Le mérite du cœur & de l'esprit est chez vous acheté par trop de foiblesse, & entre-nous vous n'étes pas trop sage.

TIMANTE.

Que voulez-vous donc dire ?

DAMIS.

Je veux dire qu'une des vûes des plus raisonnables doit étre de travailler à se rendre heureux, & que personne ne s'est jamais si fort écarté de cette vûe là que vous. Ne jouirez-vous jamais de la vie ? Je ne puis me rappeller à présent tous les traits qui m'ont frappé en vous depuis peu ; mais dans l'agitation continuelle où vous êtes, il semble que vous aïez résolu de vous faire mourir vous-même à petit feu ; & en effet, vous dépériffez à vûe d'œil.

TIMANTE *troublé.*

Je dépéris !

DAMIS.

Affûrément.

TIMANTE.

Et crois-tu que mon tempéramment foit altéré, de façon qu'il n'y ait point de reffource ?

DAMIS.

Bon ! en voici bien d'une autre.

TIMANTE.

Non, parle moi fans me flatter,

DAMIS.

Eh, que fçai-je moi ! & que vous importe de le fçavoir, la crainte nous garantit-elle des maux ?

TIMANTE.

Je me tue moi-même, j'en conviens, & le Médecin me l'a bien fait entendre.

DAMIS.

Ne voilà-t'il pas encore une de vos inquiétudes dominantes ? Vous avez par devers vous des actions de courage ; mais je vous ai vû trente fois avoir fur votre fanté des terreurs qu'on ne pardonneroit pas au dernier des hommes : fçavez-vous ce qui peut arriver de là ? C'eft que fouvent le monde en eft inftruit, & qu'un fort brave homme eft décrié par de femblables petiteffes qui lui échappent dans fon domeftique ; décrié, moqué, méprifé même.

TIMANTE.

Il eft vrai que je fuis d'un caractere bien infupportable ; mais ce que tu obferves là eft férieux : quoi ! tu crois que je paffe dans le monde pour un homme fi

fort amoureux de la vie, pour un homme foible &
lâche ?

DAMIS.

Eh ! qui vous dit cela ?

TIMANTE.

Ah ! Damis, je fuis défolé. Cela n'eft que trop certain. Je le vois aux difcours que vous me tenez.

DAMIS *avec chaleur.*

Moi ! je vous dis que fi cela fe fçavoit, cela pourroit
vous faire tort ; mais.....

TIMANTE.

Cela fe fçait. J'ai déja remarqué dans quatre ou cinq
perfonnes qui m'eftimoient autrefois, un changement
à mon égard. Elles me regardent d'un œil bien différent
depuis quelque tems.

DAMIS.

Allons, continuez donc toujours.

TIMANTE.

L'eftime des hommes eft bien difficile à fe conferver,
Damis.

DAMIS.

Hé bien, il faut faire tout ce que l'on peut pour fe la
concilier ; mais être préparé à ne la point obtenir, ou à
la perdre au premier caprice du fort : eh ! que vous êtes
fenfible ! il n'y a pas moïen de hazarder la moindre réflexion avec vous. Vous guérit-on d'une crainte, Vous
tombez dans une autre. Timante, croïez-moi : faites
bien, & ne defirez rien au-delà. Il en eft de l'eftime des
hommes comme de la fortune : travaillons à les acqué-
rir l'une & l'autre : ce qui eft indolence eft blâmable ;
mais ne foïons point étonnés que de longs travaux
foient infructueux, ni qu'après quelques faits éclatans
nous foïons ignorés, ou haïs : il faut d'un autre côté,
n'être point furpris de trouver fon valet voleur, fa maîtreffe infidéle, fon ami perfide ; & pour moi qui ne

fuis

fuis affûrément qu'un très-médiocre Philofophe, je vous jure que rien ne me touche fenfiblement dans la vie, que les fautes de conduite que j'ai à me reprocher à moi-même.

TIMANTE.

Si vous n'êtes que médiocrement Philofophe, que fuis-je donc moi ? pourquoi la nature m'a-t'elle refufé cette force d'ame qui eft fi admirable : je rougis quand je m'examine, & je ne fçais fi je ne ferois pas bien de me fequeftrer du commerce du monde, car je ne puis y avoir que des defagrémens.

SCENE VI.

LUCILE, MARTON, DAMIS, TIMANTE.

LUCILE *dans le fond du Théatre.*

SC,achons, Marton, de quoi il s'agit.

TIMANTE.

Lucile ne paroîtra pas d'aujourd'hui.

DAMIS.

Pourquoi donc ?

Lucile s'approche de Timante fans en être apperçue.

TIMANTE.

Il ne faut pas l'efperer : ai-je dû jamais me flatter de captiver une perfonne fi accomplie, elle, qui par fon mérite, a droit de prétendre aux plus flatteufes conquê-tes, qui réunit tout à la fois les graces, la beauté, l'efprit, les fentimens.....: *voïant Lucile,* ah ! Madame....: *à Damis,* n'ai-je rien dit de mal-à-propos ?

DAMIS.

Je ne m'en fuis point apperçu.

B

LUCILE.

Je sçavois bien que Damis étoit ici, & qu'il vouloit me parler de la part de son ami ; mais je ne croïois pas, Timante, que vous y fussiez.

TIMANTE *pénétré.*

Je conviens, Madame, qu'après avoir eu le malheur de vous offenser & de vous déplaire, je ne devrois pas hazarder de paroître devant vous.

LUCILE *souriant.*

Je ne sçais ce que c'est. Quoi, moi, vous m'avez offensée ?

TIMANTE.

Oubliez-le de grace : je viens vous assûrer du plus sincére repentir, & que mon cœur n'étoit point d'accord avec ma bouche, quand hier je parlai de la sorte.

LUCILE.

Le hazard a donc voulu que je ne fisse pas attention à ce qui vous est échappé : car j'ignore absolument.....

TIMANTE.

Ah que cette froide dissimulation me reproche amérement ma faute ! éclatez plûtôt contre moi.

LUCILE.

Mais que m'avez-vous donc dit ?

TIMANTE.

Madame.....

MARTON.

Je fus présente au souper, & je n'entendis rien.....

TIMANTE.

Ne vous donnez point le cruel déplaisir de me faire répéter......

LUCILE *en riant.*

Je ne m'en souviens point vous dis-je.

MARTON.

Ni moi, j'ai beau chercher.

TIMANTE.

C'eſt une pure inattention de ma part ; car je
penſe que juſques aux derniers momens, les graces ſont
inſéparables du ſexe , & que.....

MARTON.

Ah ! je m'en ſouviens à préſent : oui, le trouble où
vous fûtes dans le moment me frappa : vous dîtes, ſi je
ne me trompe, que la beauté..... n'avoit qu'un terme
bien court ; & que dès un certain âge, les femmes.....
devoient ſe retrancher ſur l'eſprit.

DAMIS à *Lucile*.

Oui, Madame, voilà le crime dont les remords
nous déchirent.

TIMANTE.

Je l'ai dit, je le confeſſe.

LUCILE *d'un air plus ſérieux*.

Je m'en ſouviens auſſi ; mais aurois-je dû penſer que
ce diſcours me regardoit ? & pourquoi m'en offenſe-
rois-je ?

TIMANTE.

J'ai cru.....

LUCILE.

Je vous avoue qu'à mon égard j'ai quelque peine à
en faire l'application.

TIMANTE *très-inquiét*.

Je ne prétends point.....

MARTON.

Il eſt vrai qu'à vingt-deux ans, on ne prend guéres
ces ſortes de maximes là pour ſoi.

TIMANTE *très-inquiét*.

Je ſçais bien.....

LUCILE.

Si ces tems d'ailleurs étoient arrivés, je me flatte que
ma raiſon me donneroit tous les avis néceſſaires ; & qui
me ſoupçonneroit de ne pouvoir entendre ſans chagrin

une vérité conſtante , ne me rendroit pas tout-à-fait juſtice.

D A M I S à Timante.

Cela tourne bien.

T I M A N T E.

Songez.....

M A R T O N.

Timante craint, Madame, que dans trente ans vous ne vous offenſiez du diſcours qu'il vous tint hier.

T I M A N T E à Damis.

Je ſuis au deſeſpoir.....

D A M I S.

Je le crois , & voilà comme vous m'aſſociez à vos folles démarches.

L U C I L E à Timante.

Sont-ce là les opinions que vous avez conçues de moi ?

T I M A N T E.

Ah ! n'irritez point ma peine, & pardonnez moi des écarts où me jettent les craintes continuelles que j'ai de vous déplaire : reprenant ſon caractere, ajoûtez-y encore le peu de certitude où je ſuis de vos ſentimens ; car depuis le tems que j'eus le bonheur de vous voir pour la premiere fois, & que je vous offris, & mon cœur & ce que j'ai de fortune, je puis dire que mon ſort eſt encore incertain.

L U C I L E.

Cette plainte eſt-elle juſte ? ne vous ai-je pas promis de vous engager ma foi ? & ne ſçavez-vous pas que pour conclure j'attens qu'une de mes parentes ſoit ici ?

T I M A N T E.

Je le ſçais, oui Madame , & j'ai déja penſé pluſieurs fois qu'il falloit que ce fut une bien proche parente , & que vous euſſiez de fortes raiſons de la menager.

LUCILE.

Nous sommes parentes à un degré assez éloigné, &
le seul intérêt qui nous lie, est l'obligation que je lui ai
de m'avoir élevée ; mais elle m'a priée instamment de
ne rien terminer sans elle.

TIMANTE.

Quel peut être son dessein, en exigeant de vous ce
délai avec tant d'instance ?

LUCILE.

Elle n'en a point d'autre que d'être témoin de mon
mariage, & elle arrive ces jours-ci avec son fils pour
m'en témoigner sa joïe.

TIMANTE,

Avec son fils !

LUCILE.

Oui, d'où vous vient cette surprise ?

TIMANTE.

Avez vous souvent vû ce parent là, Madame ?

LUCILE.

Non, je ne l'ai point vû depuis l'enfance.

MARTON.

On assûre qu'il a beaucoup d'esprit.

TIMANTE *à part.*

A un dégré éloigné.

LUCILE.

Quel est donc le trouble où je vous vois ?

TIMANTE.

Que faut-il que j'en pense ? & qui sçait si l'on n'a pas
dessein de vous proposer ? . - . .

LUCILE.

Quoi ?

MARTON.

En effet.... Eh ! ne concevez vous pas, Madame ?
Vous n'avez point vû depuis long-tems ce parent là,

peut-être vous paroîtra-t'il aimable, & le dégré étant éloigné….. que sçait-on effectivement ?

DAMIS *ironiquement.*

Il est arrivé des choses plus extraordinaires.

LUCILE.

L'idée ne se présentoit pas d'abord à mon esprit.

DAMIS.

Elle est pourtant, Madame, fort naturelle.

MARTON.

L'inclination peut survenir.

DAMIS.

Et le mariage se conclure.

MARTON.

Je m'imagine qu'il y a même quelque chose de particuliérement plaifant à époufer un arriere-coufin.

LUCILE.

Ne pourrez-vous jamais, Timante ?…..

TIMANTE *à Lucile.*

Arrêtez. Je fens à quel point je dois vous déplaire. Le foupçon que j'ai fait paroître eft d'un jaloux infupportable. Vous êtes prête à me donner un congé éternel, & à me déclarer que vous rompez entiérement avec moi. C'eft un Arrêt dont je vais du moins fufpendre le coup, en fortant de votre préfence.

LUCILE.

Où courez-vous ?

TIMANTE *à Damis.*

Ami ! fecourez-moi.

DAMIS.

Demeurez !

TIMANTE.

Eh ! non. Tâchez de l'appaifer, & de me juftifier s'il eft poffible.

Il fort.

SCENE VII.

LUCILE, MARTON, DAMIS.

MARTON *riant.*

LA retraite eſt un peu précipitée.

LUCILE.

Vous êtes témoin, Damis, ſi j'ai rien dit qui fît entendre que je penſe à rompre & à lui defendre de me voir.

DAMIS.

Je vais le ſuivre, Madame, & le raſſûrer ſur cette rupture imaginaire. Mais qu'il me ſoit permis de vous demander grace pour un homme dont il vous eſt aiſé de déméler la paſſion extrème, & à qui l'impreſſion que lui ont fait vos charmes, ne permet pas d'être tran-

Il ſort.

SCENE VIII.

LUCILE, MARTON.

LUCILE.

QUe dis-tu, Marton, de ces vivacitez & de ces ſoupçons continuels?

MARTON.

Je dis, Madame, que Timante eſt d'un caractere ſujet à de terribles inconveniens.

B iiij

LUCILE.

Mais crois-tu, comme le prétend Damis, crois-tu qu'il aime, & que ce qui lui échappe puisse se concilier avec une estime parfaite?

MARTON.

Pour aimer..... Je ne sçaurois parler contre ce que je pense. Oui, plus j'y fais réflexion, & plus je crois qu'il aime, & même qu'il aime mieux qu'un autre.

LUCILE.

Après tout, Marton, à bien examiner ce caractere que nous lui reprochons, il vient d'une grande défiance de soi-même & d'un desir scrupuleux, de se rendre agréable aux autres.

MARTON.

Eh! mais.....

LUCILE.

Ce qui fait dans le fond un sentiment estimable.

MARTON.

Oui-da. A le prendre dans un certain sens, le mauvais de son caractere est effacé par le bon. Ecoutez donc; un homme tel que lui, est peut-être moins à craindre que ces gens qui, remplis de sécurité, vous importunent avec tout le sens froid & toute la confiance imaginable. Vous avez beau leur faire sentir qu'ils vous sont à charge, leur crier aux oreilles que vous n'y pouvez plus tenir, ils ne vous entendent point. Ils agiront à contre-tems, parleront sans précaution, offenseront à droite, à gauche, & se croiront encore les plus agréables gens du monde.

LUCILE,

L'autre extrémité est sans doute plus supportable.

MARTON.

Je ne suis pas fâchée de vous en voir prendre la défense. Mais cela va vous attirer un reproche de ma part. Tout autre que Timante, en vous aimant, pour-

roit être inquiet ; & franchement , à juger sur les apparences , on ne sçait pas trop quels sont vos sentimens
pour lui.

L u c i l e.

Que dis-tu ? Ah! je connois ses défauts ; mais il n'est
que trop certain qu'il a sçu me toucher.

M a r t o n.

Je lui parlerois donc un peu plus ouvertement ; vous
avez l'air plus réservé que ne l'auroit une fille : il est vrai
que vous avez été si peu femme , qu'un excès de timi-
dité vous est encore pardonnable.

L u c i l e.

Tu crois donc qu'à son égard, j'ai quelque chose à me
reprocher.

M a r t o n.

Je le crois assurément ; & si mon Amant me sem-
bloit incommode , j'aimerois mieux tout-à-fait le haïr.

Il paroît une espece de Valet de Chambre.

Mais que veut ce garçon , il appartient, je crois, à
Timante.

L u c i l e.

Il s'est retiré dès qu'il m'a apperçue.

M a r t o n.

Il semble qu'il ait voulu me parler.

L u c i l e *souriant.*

Il a ordre apparemment de ne s'adresser qu'à toi ;
sçache , Marton , ce que c'est , & viens au plutôt m'en
avertir dans mon appartement.

Lucile rentre.

SCENE IX.

LE VALET DE CHAMBRE, MARTON.

Le Valet de Chambre *à Marton.*

QUelqu'un qui est ici près voudroit, Mademoiselle, vous dire un mot.

MARTON.

Il peut paroître.

Le Valet rentre.

C'est lui, sans doute. Voïons de quoi il s'agit : il est à plaindre ; j'excuse sa foiblesse ; mais je ne l'excuse point assez pour ne m'en pas divertir tant soit peu, si l'occasion s'en présente. Tout juste, voilà mon homme.

SCENE X.

TIMANTE, MARTON.

TIMANTE *regardant de côté & d'autre.*

A part. VOilà cette suivante. Je ne lui ai jamais fait aucun présent, il faut que je la gagne adroitement, si cela est possible : *haut,* j'ai recours à toi, Marton.

MARTON.

Monsieur, vous me faites honneur.

TIMANTE.

Il y va de ma vie que tu sois dans mes intérêts ; mais

je doute bien que tu m'accordes la grace que j'ai à te demander.

MARTON.

De quoi est il question, s'il vous plaît ?

TIMANTE.

Le voici... ne nous entend-on point ici ?

MARTON.

Cela pourroit bien être ; éloignons-nous un peu. Eh bien !

TIMANTE.

Damis veut en vain me rassurer, Marton. Peut-on se croire heureux quand on ne voit son bonheur établi que sur des rapports & des conjectures ? ma résolution est prise, & je viens t'en faire part: il est tems que Lucile s'explique ; je renonce à tout engagement, si elle ne l'accepte que comme vaincue par les sollicitations ; & si son penchant ne l'y porte. Je n'aurai point à me reprocher de l'avoir entraînée dans des liens qui bien-tôt lui deviendroient insupportables : il faut enfin , il faut que je sçache d'elle si je suis aimé ou haï.

MARTON.

Il n'est pas bien aisé de sçavoir là-dessus la vérité de ce qu'une femme pense.

TIMANTE.

Tu conviens donc que je suis à plaindre ?

MARTON.

Assurément, c'est être à plaindre en amour, que de ne se pas contenter des conjectures.

TIMANTE.

Quoi, aux termes où nous en sommes, je ne pourrai obtenir une conversation de Lucile qui éclaire les dou-tes que j'ai conçus , & qui dissipe l'affreuse incertitude où je suis?

MARTON.

Malgré les circonstances , je ne vous répond pas que Lucile se détermine à une déclaration bien positive.

TIMANTE.

Tu peux compter fur ma reconnoiſſance , ſi tu veux
me ſervir dans cette occaſion. Il t'eſt facile de la déter-
miner , & de lui faire entendre, qu'il ne meſſied pas d'in-
ſtruire & de tranquiliſer un homme dont on doit faire
ſon époux : mes jours ſont en tes mains, Marton, tu
décideras de mon ſort ; c'eſt à toi de voir quel parti tu
veux prendre, & ſi j'ai mérité quelque conſideration. ...

MARTON *s'appercevant qu'il gliſſe une tabatiere d'or dans la poche de ſon tablier.*

Que faites-vous donc là , Monſieur ?

TIMANTE *d'un ton mal aſſuré,*

C'eſt un leger témoignage que je hazarde.....

MARTON *tire la boëte , la regarde , fait un ſoupir , & la laiſſe retomber dans ſa poche.*

Ah !

TIMANTE.

Qu'as-tu donc ?

MARTON *ſoupirant.*

Je ſuis fille de famille , & je ne devrois pas être ré-
duite.....

TIMANTE.

T'offenſerois-tu ?.....

MARTON.

Faut-il que je me voïe traitée de la ſorte ?

TIMANTE *à part.*

Qu'ai-je fait ? je m'étois preſque douté qu'elle pren-
droit mal la choſe.

MARTON.

Des préſens à moi ; ah !

TIMANTE.

Seroit-il poſſible que tu regardaſſes comme une mar-
que de mépris ?

MARTON.

Non , vous avez raiſon ; & après-tout je ne ſuis qu'u-
ne ſoubrette.

TIMANTE.

Ah ! je fuis au defefpoir. Voilà mes affaires bien ac-
commodées ; de quoi me fuis-je avifé ?

MARTON.

Vous n'êtes pas obligé de me connoître.

TIMANTE.

Marton, pardonne-moi ; imagine toi que cela ne foit
pas arrivé ; rends-moi cette maudite boëte.

MARTON.

Comment ?

TIMANTE.

Je dis . . . .

MARTON.

Oh ! pour le coup, Monfieur, il femble que vous vous
faffiez un plaifir de m'injurier ; traitez-moi donc encore
plus mal qu'en Soubrette, & reprenez-moi ce que vous
m'avez forcée de prendre.

TIMANTE.

Je n'y comprends plus rien ; comment fortir de ceci ?
Je ne pourrai donc jamais rien faire , ni rien dire qu'il
ne foit mal interprété ?

MARTON.

Allons, n'en parlons plus, Monfieur ; une fille qui
s'eft mife en fervice ne doit pas être fi fenfible à l'injure.

TIMANTE.

Ah ! je refpire.

MARTON.

Vous voulez un éclairciffement de la part de Lucile ?

TIMANTE.

Je ne puis vivre , fi elle ne daigne me l'accorder.

MARTON.

Je vais l'y engager de mon mieux.

TIMANTE.

Parles-tu férieufement ?

MARTON.

Comptez fur ma parole , je lui reprocherai une froideur apparente, dont je l'ai deja blâmée plusieurs fois sans que vous m'en eussiez prié ; & après-tout, si elle prend le parti de vous parler obligeamment, je vous jure qu'elle ne vous dira que ce qu'elle pense.

TIMANTE.

Puis-je le croire ? tu me promets donc ?

MARTON.

Laissez-moi faire ; vous la verrez dans un instant.

Elle rentre.

TIMANTE *seul.*

Cette fille est déliée, je ne sçais si je dois trop compter sur elle ; avec son air de bonne foi & de candeur, elle pourroit bien me tromper : n'y auroit-il pas moïen d'entendre la conversation ? Ecoutons.

Il va à la porte du Cabinet.

SCENE XI.

TIMANTE, CHAMPAGNE *entre sans voir Timante en lisant un papier.*

TIMANTE *écoutant à la porte du Cabinet.*

IL n'est pas possible de rien distinguer.

CHAMPAGNE *rit en lisant.*

Ah ! ah ! ah ! . . . .

TIMANTE.

Qu'est-ce donc que j'entends rire de la sorte ?

CHAMPAGNE.

Ah ! ah ! ah ! cela est fort bon ma foi.

TIMANTE.

Ah ! c'est toi, coquin, que fais-tu là ?

CHAMPAGNE.

Moi ? rien, Monſieur.

TIMANTE.

Quel eſt donc ce papier que tu ſerres ſi promptement?
voïons : hé quoi, c'eſt celui que tantôt je t'avois ordon-
né ....

CHAMPAGNE *riant d'un air niais.*

Oui, Monſieur, je n'ai pas pû exécuter votre ordre.

TIMANTE.

Pourquoi donc ?

CHAMPAGNE.

Je n'en ai pas eu le cœur ; je me ſuis mis à le lire, cela m'a paru trop drole.

TIMANTE.

Plaît-il ?

CHAMPAGNE,

Il y a des endroits tout-à-fait facétieux ; tenez, en voilà un ſur-tout.

TIMANTE *arrachant le papier, & lui en donnant par
le viſage.*

Donnez, Maraut, & apprenez à faire ce que l'on
vous ordonne ; & ſortez tout-à-l'heure de devant moi.

CHAMPAGNE.

Je ſors auſſi ; diable ! c'eſt avoir la main légere.

Il ſort.

SCENE XII.

TIMANTE *ſeul.*

IL eſt vrai que je n'aurois pas dû le frapper ; il faut
éviter de ſe faire les plus petits ennemis : ces gens-là
ſortent de chez vous, ils connoiſſent vos foibles, & vous

nuifent plus dans le monde par leurs difcours, que ne feroient des ennemis de conféquence : mais Damis qui s'eft chargé de me rendre un fervice important, devoit me rejoindre ici.....

SCENE XIII.

TIMANTE, DAMIS.

TIMANTE.

HE quoi, fi-tôt de retour ? l'affaire eft donc man-quée ?

DAMIS *comme un homme preffé & occupé d'une affaire.*
Non ; j'ai déja trouvé une de tes adverfes parties.

TIMANTE.
Elle a refufé ma propofition, fans doute ?

DAMIS.
Point du tout, elle confent à un accommodement. Je n'ai plus que la vieille Comteffe à voir, & je vais chez elle de ce pas.

TIMANTE.
Oh ! pour cette maudite plaideufe-là, tu n'en vien-dras jamais à bout.

DAMIS.
Je compte la mettre à la raifon, & te délivrer, à quelque prix que ce foit, d'un procès qui t'impor-tune.

TIMANTE.
Je l'aurois peut-être gagné ! mais que je te faffe part....

DAMIS.
Laiffe-moi, je cours.

TIMANTE.

TIMANTE.

Un mot.

DAMIS.

Je n'ai pas un instant à perdre.

TIMANTE *le retenant.*

Je touche ami au moment qui doit décider du bon-heur de ma vie : j'ai si bien fait, que, par l'entremise de Marton, je vais avoir une explication avec Lucile, & sçavoir enfin à quoi m'en tenir sur les sentimens qu'elle a pour moi.

DAMIS.

Que voulez-vous dire avec votre explication ?

TIMANTE.

C'est-à-dire . . . .

DAMIS.

Hé, morbleu, ne sçauriez-vous demeurer comme vous êtes ?

TIMANTE.

Comment ?

DAMIS.

N'exigez-vous pas que Lucile vous dise en face, je vous aime : voilà une belle imagination !

TIMANTE.

Et quel inconvenient trouvez-vous à cela ?

DAMIS.

L'inconvenient est, que ces sortes d'aveux ne s'exi-gent point. Je ne sçais quelle est votre délicatesse ; mais je ne m'aviserois jamais de réduire une femme à de pa-reilles extrémitez ; & je croirois, si elle étoit assez maî-tresse d'elle-même pour me parler bien ouvertement, qu'elle n'auroit pour moi qu'un sentiment dont je ne se-rois pas beaucoup flatté : au surplus, chacun a sa façon de penser. Adieu, je vais vîte où je vous ai dit.

TIMANTE *faisant réflexion sur ce que lui dit Damis.*

Le principe est certain, Damis, une femme qui

C

aime véritablement, ne l'avoue point.

DAMIS *s'arretant.*

Il y a des exceptions ; mais laiſſez cela, vous dis-je, & ne croïez pas que Lucile ait le cœur aſſez libre, pour ſe déclarer juſqu'à un certain point.

Il ſort.

TIMANTE *à Damis, qui s'en va.*

Et ſi elle s'y déterminoit, ce ſeroit donc une preuve que je ne ſerois point aimé ?

ſeul après un peu de tems.

A quoi ai-je ſongé de demander un pareil aveu ? Comment ne m'eſt-il pas venu dans l'eſprit, qu'une femme ſincérement épriſe eſt embarraſſée, timide, & voudroit ſe diſſimuler à elle-même ce qu'elle ſent; par conſéquent elle eſt bien éloignée de le déclarer haute-ment: Oui, vous avez bien raiſon, Damis, une femme qui laiſſe trop entrevoir ſes ſentimens, n'a qu'un atta-chement bien ſuſpect. A quelle extrémité me ſuis-je ré-duit ? Courons, empêchons Marton........ Mais quand elle auroit parlé, j'oſe eſperer que Lucile ne s'y dé-terminera pas, aſſurément. Il faut cependant prévenir...

SCENE XIV.

LUCILE, TIMANTE,

LUCILE.

QU'exigez-vous de moi, Timante ? J'ai lieu d'être ſurpriſe de la demande que vous me faites.

TIMANTE.

J'aurois tort d'exiger de vous, Madame, quelque choſe qui vous déplût.

LUCILE.

Un autre se contenteroit de la parole que je vous ai donnée de vous engager ma foi.

TIMANTE *se jettant à genoux.*

Ah ! c'est m'en dire cent fois plus que je ne mérite, & c'est combler un malheureux qui vous adore.

LUCILE.

A quoi sert de dissimuler devant moi ? Je sçais quelle est votre inquiétude.

TIMANTE.

Moi, inquiet ?

LUCILE.

Vos démarches confirment assez les soupçons dont on vient de m'informer ; mais croïez mon cœur plus généreux, & rendez-vous plus de justice à vous-méme. Votre mérite ne m'a pas échappé.

TIMANTE.

Madame..... (*à part*) quelle épreuve ?

LUCILE.

On voit en vous un défaut assez rare, c'est d'avoir trop peu de bonne opinion, & je ne puis m'empecher d'avouer que ce défaut ne vous rend que plus estimable au yeux de ceux qui vous connoissent.

TIMANTE.

Madame ....

LUCILE.

En vous promettant de vous donner la main, soïez sûr qu'il y a eu de ma part quelque chose de plus qu'un simple consentement ; & s'il m'é oit permis, ne doutez point que je n'emploïasse les expressions les plus fortes & les termes les plus décisifs, pour vous ôter l'injuste crainte que vous avez conçue.

TIMANTE.

Madame .... en faut il davantage ? (*à part*) Ah ! Damis.

LUCILE.

Que dites-vous donc, & quelle est cette dissimulation obstinée ?

TIMANTE.

Je suis confus de vos bontez.... & c'est, je vous l'a-
voue, etre bien maîtresse de soi-même, que daigner me
flater jusqu'à cet excès.

LUCILE.

Quoi, vous me soupçonneriez d'emprunter des sentimens qui ne seroient pas à moi !

TIMANTE *à part*.

Toujours de la présence d'esprit, du sang froid ; que
tout ceci est composé !

LUCILE.

Je commence à mon tour à etre allarmée. Ah ! Timante, est-ce ainsi que vous recevez les justifications
dans lesquelles je veux bien entrer ? Et osez-vous douter des assurances que je vous donne ?

TIMANTE.

C'est trop m'honorer... (*à part*) Curiosité fatale !

LUCILE.

Je ne suis point telle que vous l'imaginez ; que ne
pouvez-vous lire au fonds de mon ame !...

TIMANTE *tremblant*.

Hé bien, Madame ?

LUCILE.

Vous y verriez.....

TIMANTE.

Quoi ?

LUCILE.

A quel aveu me réduisez-vous ?

TIMANTE *à part*.

Ciel !

LUCILE.

Vous y verriez, que je vous aime. Oui, Timante, je
vous aime.

TIMANTE *tombant dans un fauteuil.*

Ah! je fuis perdu.

LUCILE *après un tems.*

Que viens-je de dire ? & de quelle façon étrange re-
çoit-il mon aveu ?

TIMANTE *à part.*

Tout eft évanoui.

LUCILE.

C'eft pour moi une énigme que je ne puis comprendre ; mais le trouble où je fuis ne me permet pas de m'en
éclaircir. *Elle rentre.*

SCENE XV.

TIMANTE *feul, après avoir rêvé quelque tems.*

JE croïois être aimé, pourquoi ai-je cherché à
m'inftruire du contraire ? Ce fentiment timide &
miftérieux, qui caractérife une vraïe paffion, eft donc
inconnu à Lucile ? Qu'il eft douloureux, quand on ref-
fent toutes les délicateffes de l'amour, de ne les pouvoir
infpirer ! cependant j'ai été le premier à demander cet
aveu. Devroit-il être affligeant de s'entendre dire ,
Je vous aime ?

SCENE XVI.

TIMANTE, MARTON.

MARTON.

CEla est-il croiable ? Que viens-je d'apprendre ? A quoi penfiez-vous donc, Monfieur ?

TIMANTE.

Ah ! Marton, que la converfation que j'ai obtenue de Lucile a eu un effet cruel pour moi ; & qu'il s'en faut que j'aïe recouvré la confiance, & le repos que je cher-chois !

MARTON.

Je ne fçais fi ce que je viens vous dire de fa part, vous plaira davantage.

TIMANTE.

Qu'eft-ce donc ?

MARTON.

Je fuis bien mortifiée d'être chargée d'une pareille commiffion ; mais je fuis forcée d'obéir.

TIMANTE.

Explique-toi.

MARTON.

Voici deux Lettres que l'on a reçues de vous, que l'on vous prie inftamment de reprendre.

TIMANTE.

Jufte Ciel !

MARTON.

Ce n'eft pas tout, Monfieur, excufez-moi, s'il vous plaît ; Lucile vous demande en grace de fupprimer vos vifites ; elle dit même que par-tout ailleurs qu'ici, elle

vous aura une obligation infinie, fi vous évitez de paroître devant elle. Vous ne devez pas douter que je ne
fois au defefpoir.

Elle fe retire, & revient.

Il feroit de l'exacte bienféance que je vous rendiffe
la boëte que vous avez bien voulu me donner tantôt;
mais je ne fçais ce que c'eft d'accabler les gens dans le
malheur.   *Elle rentre.*

TIMANTE *feul.*

Quel coup de foudre me fait fortir de l'ivreffe où j'é-
tois ! Pernicieufe réflexion de Damis, voilà ce que
vous me caufez ! Eft-ce agir en ami que de donner un
pareil avis ? Je ne reconnois point Damis en cette occa-
fion : Damis auroit-il des vûes qui jufqu'à préfent m'au-
roient été cachées ?

SCENE XVII.

DAMIS, TIMANTE.

DAMIS.

JE reviens de chez la Comteffe, & je vous avoue que
je fuis enchanté de votre procédé.

TIMANTE.

Laiffez-moi, je vous prie.

DAMIS.

Qu'eft-ce donc ? Vous avez encore bonne grace à
me montrer de la mauvaife humeur, après le trait
que je viens d'effuyer ; vous femblez vous en rappor-
ter à moi, pour l'accommodement d'un procès, & fé-
crettement vous en commettez un autre, comme fi je
n'étois pas fuffifant pour une femblable négociation ;

cet autre eſt juſtement un homme violent & mal-à-
droit ; & le tems de l'entrevûe qu'il a eue avec la Comteſſe s'eſt paſſé en invectives & en injures ; de façon,
mon cher Monſieur , que vous n'avez qu'à vous pré-
parer à bien plaider.

TIMANTE *du ton d'un homme abbatu.*

A plaider ?

DAMIS.

La Comteſſe à préſent ne ſe relâcheroit pas ſur le plus
petit chef de ſon procès, quand vous lui donneriez dix
mille piſtoles.

TIMANTE *très-poſément.*

Damis, j'ai vû Lucile , elle m'a fait l'aveu le plus ten-
dre, & votre réflexion m'a perdu.

DAMIS *après un petit ſilence.*

Que dites-vous ?

TIMANTE.

Voici mes Lettres qui me ſont rendues, avec défenſe
d'oſer paroître jamais devant elle.

DAMIS.

Quoi ! Votre inquiétude vous fera toujours faire un
pareil uſage des avis qu'on vous donne ? Vous ai-je
conſeillé ? . . . . . Il n'eſt pas tems de vous quéreller.
Vous m'accuſez donc d'être auteur du malheur qui vous
arrive ? Je n'examine point ſi ce reproche eſt fondé. Je
me fais un devoir de vous juſtifier, & je vais ſur le
champ. . . .

TIMANTE.

Ah ! que prétendez-vous ?

DAMIS,

Je vais la voir, & lui expliquer. . . . .

TIMANTE,

Eh ! comment réparer cette faute épouvantable ?

DAMIS.

En la ſuppliant , en lui repréſentant que c'eſt un malentendu, que c'eſt même un excès d'amour de votre part qui vous a rendu coupable à ſes yeux. Mais au moins..... Promettez-moi de ne point paroître indiſcrétement. Tenez-vous un inſtant à l'écart, vous vous préſenterez quand je croirai le moment favorable.

TIMANTE.

Allez, ami, j'obéis aveuglement.

Damis entre dans le cabinet de Lucile.

SCENE XVII.

TIMANTE, CHAMPAGNE
qui eſt arrivé un inſtant auparavant.

CHAMPAGNE.

Voilà, Monſieur, cette montre dont vous étiez ſi fort en peine, elle eſt enfin racommodée.

TIMANTE.

Cela ſuffit, retire-toi.

CHAMPAGNE.

Il y a un homme, que je ne connois point, qui, après vous avoir attendu deux heures au logis, m'a ſuivi, en diſant qu'il vouloit abſolument vous parler.

TIMANTE reprenant un air inquiet.

Quelle eſpece d'homme eſt-ce ?

CHAMPAGNE.

Grand, ſec, un habit noir tirant ſur le vert, une perruque citron, & une épée de deuil extrêmement longue.

TIMANTE.

Quel diable d'homme eſt-ce là ! Il n'a point dit ce qu'il me vouloit ?

CHAMPAGNE.

Non, il s'eft même obftiné à me cacher fon nom.

TIMANTE.

Que puis-je avoir à démêler avec un pareil original ?
Eft-il ici ?

CHAMPAGNE.

Non, Monficur, il eft entré dans ce grand Caffé qui
eft à trois portes de ce logis, & il attend là que vous
fortiez.

TIMANTE.

Qu'eft-ce que cela fignifie ? (*à part*) Aurois-je le
tèms ?.... (*à Champagne*) Mon caroffe eft là bas ?

CHAMPAGNE.

Oui, Monfieur.

TIMANTE.

C'eft affurément quelque chofe de preffant. J'ai dif-
férentes affaires..... Il femble que tout m'accable à la
fois. (*à Champagne*) Demeure ; fi par hazard Damis
fortoit du cabinet de Lucile, dis-lui que je rentre à l'in-
ftant. (*revenant*) Tu m'entends ?

CHAMPAGNE.

A merveille. (*feul*) Ce qu'il y a de fûr, c'eft que cet
homme à grande épée ne m'a pas l'air d'apporter de
l'argent à mon maître. Quelqu'un qui l'a déja vû m'a
dit qu'il fe mêloit d'enjoliver les Jardins, & qu'il don-
noit des plans pour les Maifons de campagne. Mais il
n'y a aucune apparence que ce foit pour cela qu'il at-
tende fi obftinément. On fort je crois. Oui vraiment.

Il fe retire derriere Damis à qui il veut parler.

SCENE XIX.

LUCILE, DAMIS, MARTON, CHAMPAGNE.

LUCILE.

NOn, Damis, je ne ferai point la premiere, qui après avoir déclaré fon penchant, aura rompu avec un homme qui s'en eſt rendu indigne.

DAMIS.

Quittez cette réfolution : je vous fuis garand qu'il vous adore.

MARTON.

Faites-y bien réflexion, Madame. Où trouverez-vous un amant pareil ?

LUCILE à Damis.

Vous m'aſſûrez qu'il m'aime ? Que vous le connoiſſez mal ! Mille objets différens l'occupent, & je fuis ce qui le touche le moins.

DAMIS.

Il n'eſt occupé que de vous. Permettez-lui de paroî-tre, & de ſe jetter à vos pieds.

MARTON à Lucile.

Allons, ne le condamnez pas fans l'entendre.

DAMIS.

Ah ! Lucile, ne me refufez pas cette grace. Venez, venez, Timante.

CHAMPAGNE à Damis.

Monfieur.....

DAMIS appellant à mi voix.

Timante, Timante....., paroiſſez donc. Où donc peut-il être ?

CHAMPAGNE.

Je vais, si vous voulez, l'avertir.

DAMIS.

Où l'avertir ?

CHAMPAGNE.

Ici près, où je lui ai dit qu'un homme l'attendoît.

DAMIS.

Un homme ?

CHAMPAGNE.

Oui, qui vient, je crois, pour lui donner des avis sur le bâtiment neuf de sa Maison de campagne.

LUCILE *à Damis qui reste interdit.*

D'où vous vient cet étonnement ?

MARTON.

Le bâtiment neuf de la Maison de campagne est franchement une chose fort interressante.

LUCILE *à Damis.*

Me direz-vous encore qu'il n'est occupé que de moi ? Cessez, Damis, de me vanter l'empire que j'ai sur son cœur. Je sçais quel parti je dois prendre. Toutes les raisons, que vous pourriez desormais apporter pour sa défense, sont inutiles.

DAMIS.

Pour ce dernier trait, il est vrai que je ne le puis comprendre ; & je n'ai point assez de courage pour vous parler plus long-tems d'un homme d'une semblable espece.

MARTON.

Le voici cependant qui paroît.

SCENE DERNIERE.

LUCILE, MARTON, TIMANTE, DAMIS, CHAMPAGNE.

TIMANTE *à Lucile.*

N'Est-ce point indiscrétement que je me présente devant vous, après l'ordre cruel ?....

LUCILE.

Timante, il se peut que vous aïez pour moi de véritables sentimens de tendresse : je veux même le croire. Cependant l'hymen que nous avions projetté ne se peut conclure à présent. Mon dessein est de me retirer pour quelque tems à ma Terre. Tâchez, s'il est possible, de me mieux prouver votre amour par la suite.

Elle sort.

TIMANTE.

Dieux !

MARTON *à Timante.*

Ceux qui laissent échapper l'occasion, méritent de la perdre pour toujours.

Elle suit Lucile.

DAMIS *à Timante.*

Nous sommes amis depuis long-tems, & je ne veux point cesser de l'être. Mais, fatigué des différens traits que vous me faites essuïer en un seul jour, ne trouvez pas mauvais que, loin de vous, j'aille quelque tems reprendre haleine.

Il sort.

CHAMPAGNE *à Timante.*

Il n'y a guére de maître que j'aimasse mieux servir que vous ; mais,.....

TIMANTE.

Plaît-il?

CHAMPAGNE *à part.*

Ma foi je vais songer à me faire payer de mes gages,
& à le quitter aussi si je puis.

Il s'éloigne.

TIMANTE.

Je perds maîtresse, ami, jusqu'aux valets, tout m'a-
bandonne. Le seul espoir qui puisse me soutenir, c'est
que d'aussi grands coups me corrigeront d'un caractere
que j'avoue moi-méme ne pouvoir etre supporté.

FIN.